Dieses Buch gehört:

WAS IST WAS Erstes LESEN

Christina Braun

Deutschland

TESSLOFF

Hallo!

Ich bin Simon,
der Spatz.
Genau genommen bin ich
ein Haussperling.
Mich findest du überall in Deutschland.
Fast immer lebe ich in der Nähe der Menschen.
Jetzt aber los!
Ich will dir doch etwas über dein Land erzählen.
Begleite mich auf meinen Flügen!
Dann zeige ich dir viele spannende Städte
und Landschaften,
die du in Deutschland vielleicht
noch nicht kennst.

Inhalt

Deutschlands Landschaften

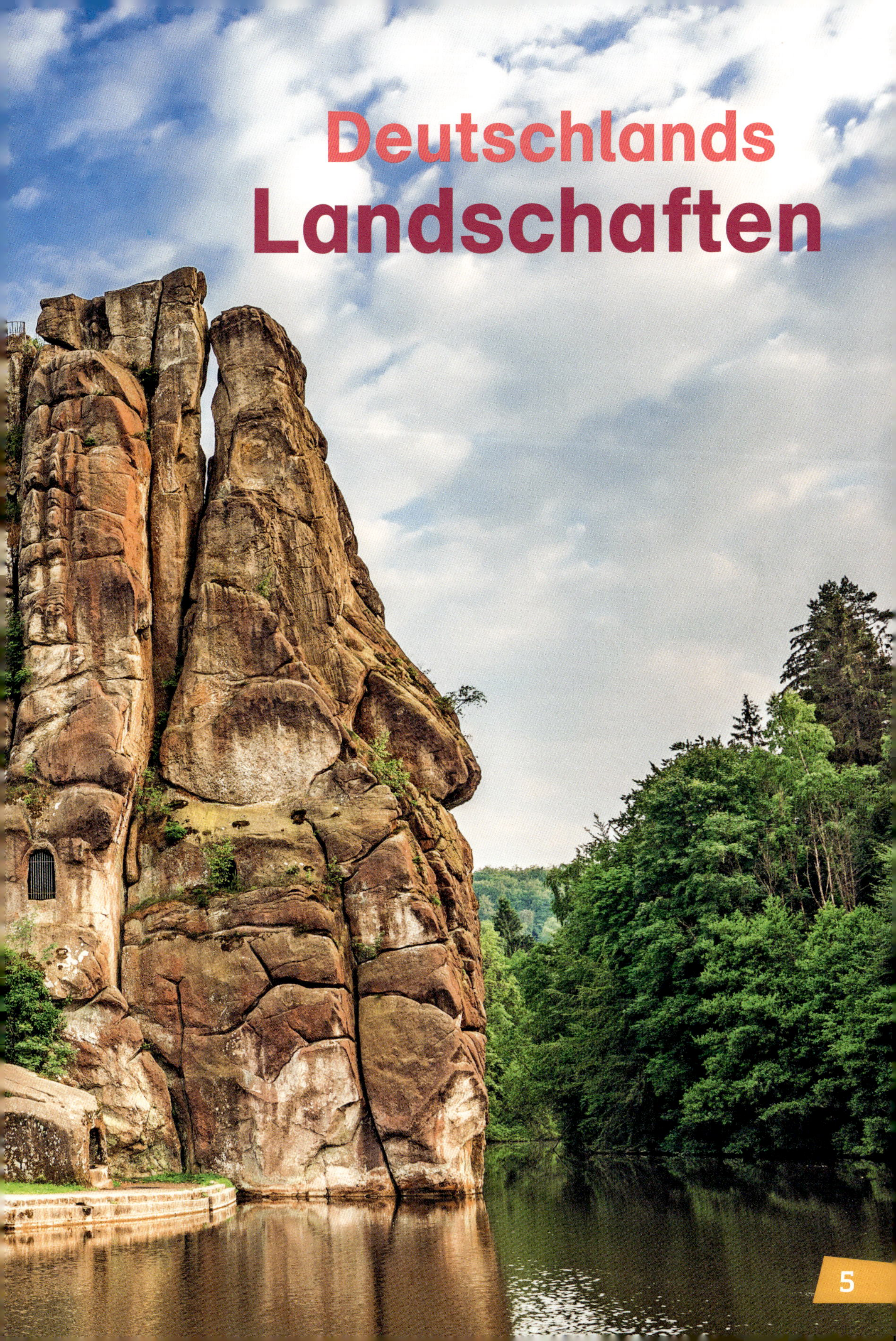

Kiel
Schwerin
Hamburg
Bremen
Hannover
Berlin
Potsdam
Magdeburg
Düsseldorf
Dresden
Erfurt
Wiesbaden
Mainz
Saarbrücken
Stuttgart
München

Deutschland von oben

Das Land, in dem wir leben,
liegt fast in der Mitte Europas.
Hier wohnen etwa
83 Millionen Menschen.
In Deutschland gibt es große Städte.
Das Land besteht aus vielen Waldgebieten
und Nationalparks.
Es gibt kleine und große Gebirge,
Inseln und Meeresküsten.
Berlin ist die Hauptstadt von Deutschland.
Die Stadt liegt im Nordosten des Landes.

Die grün gefärbten Flächen zeigen an, dass das Land hier flach ist. Die braunen Flächen stehen für Gebirge.

Der Fernsehturm in Berlin.

Deutschland und seine Nachbarländer

1 Deutschland
2 Niederlande
3 Belgien
4 Luxemburg
5 Frankreich
6 Schweiz
7 Österreich
8 Tschechische Republik
9 Polen
10 Dänemark

Deutschland in Zahlen

Von Norden nach Süden gemessen ist Deutschland 876 Kilometer lang und 640 Kilometer breit.

Wir haben insgesamt neun Nachbarn: Dänemark, Polen, die Tschechische Republik, Österreich, die Schweiz, Frankreich, Luxemburg, Belgien und die Niederlande.

Möchtest du Deutschland einmal umrunden, musst du etwa 4 000 Kilometer zurücklegen.

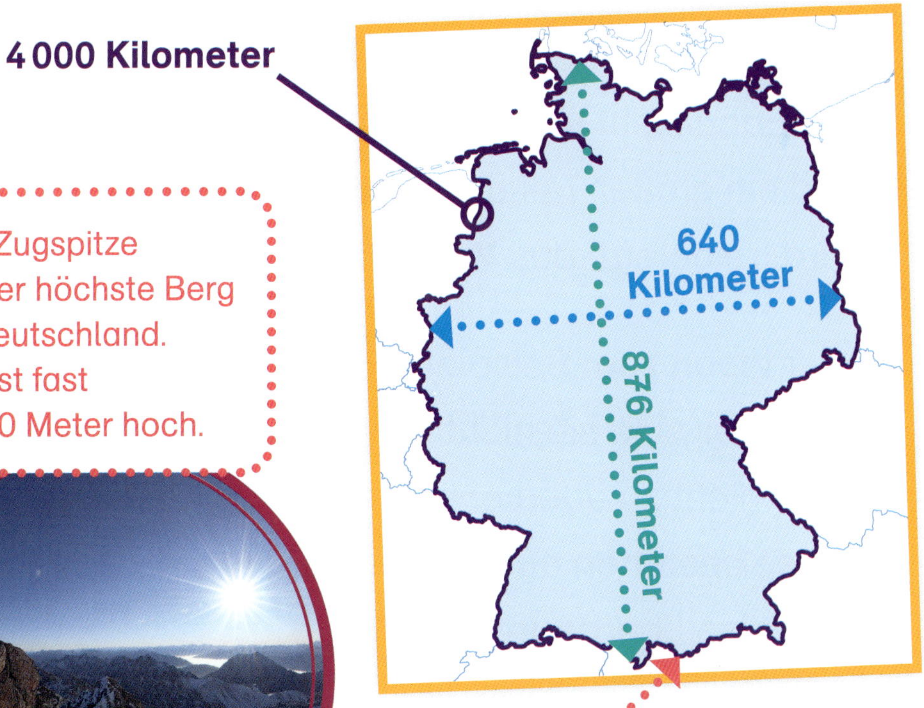

Die Zugspitze ist der höchste Berg in Deutschland. Sie ist fast 3 000 Meter hoch.

Bei Ebbe wird der Meeresboden trockengelegt.

Das Wattenmeer

Hoch oben im Norden
grenzt Deutschland
an die Nordsee.
Die Küste hier ist flach.
Daher sind Ebbe und Flut stark ausgeprägt.
Bei Ebbe zieht sich das Wasser zurück
und ein großer Teil des Meeresbodens
wird freigelegt: das Watt.

Hier leben zum Beispiel Wattwürmer.
Meistens sind sie nicht zu sehen.
Aber nicht zu übersehen sind ihre Haufen.
Diese bestehen aus gereinigtem Sand,
sind also überhaupt nicht eklig.

Ein Paradies für viele

Schwertmuschel

Viele Vögel machen auf ihrem Weg
vom Norden in den Süden
im Wattenmeer Rast.
Hier finden sie genügend Futter:
Würmer, Muscheln, Krebse
und Schnecken.

Herzmuschel

Brachvogel

Es gibt auch Vögel,
die an den Küsten
ihre Jungen aufziehen.

Austernfischer

Seehunde sind perfekt
an das Leben im Wasser
angepasst.

In der Nordsee tummeln sich Schweinswale.
Im Sommer sammeln sich Seehunde
auf den Sandbänken.
Hier werden auch die Seehundjungen geboren.

Die Verbindung zwischen Nordsee und Ostsee

Ein Binnenmeer

An der Ostsee sieht man den Unterschied zwischen Ebbe und Flut kaum.
Die Ostsee ist fast ein Binnenmeer.
Sie hat nur eine schmale Verbindung zur Nordsee.
Durch diese Verbindung passen keine großen Wassermassen.
Und deshalb gibt es keine starke Flut in der Ostsee.

Auch in der Ostsee leben Schweinswale.

Königsstuhl

Kreidefelsen von Rügen

Fehmarn

Die größten Inseln

In der Ostsee liegen
die drei größten deutschen Inseln:
Rügen, Usedom und Fehmarn.
Auf Rügen findet man
die berühmten Kreidefelsen,
ein Wahrzeichen der Insel.
Der höchste dieser Felsen
ist der Königsstuhl.
Er ist über 100 Meter hoch.

Usedom

Dies ist die älteste Seebrücke
in Deutschland.
Sie steht im Ort Ahlbeck
auf der Insel Usedom.

Wollgras

Kreuzotter

Flaches Land

Im Norden ist das Land sehr flach.
Das Land von der Nord- und Ostsee
bis etwa in die Mitte Deutschlands
heißt Norddeutsches Tiefland.
Hier gibt es viel Wasser,
Moore und Heide.
Südlich von Hamburg liegt
eine weite Heidelandschaft:
die Lüneburger Heide.
Dort blüht im August das Heidekraut –
die Lieblingsspeise der Heidschnucken.

Heidschnucken sind besondere Schafe. Sie leben in der Lüneburger Heide.

Ein Blick von oben auf die Mecklenburgische Seenplatte.

Weiter östlich befindet sich die Mecklenburgische Seenplatte. Es gibt dort viele kleine und große Seen. Diese Seenlandschaft nördlich von Berlin ist Heimat für Hechte, Barsche und auch Aale.

Viele Wasserwege

Ganz im Osten liegt der Spreewald. Der Fluss Spree verzweigt sich in viele Wasserwege. Diese Wege wurden um künstliche Kanäle ergänzt. Man kann sie mit einem Kahn befahren.

Hast du gewusst ...

... dass fast ein Drittel der Fläche Deutschlands von Wald bedeckt ist?

Die Mittelgebirge

Nach dem Tiefland wird es nun hügeliger.
Es schließt sich ein breiter Streifen
aus Mittelgebirgen an.
Er zieht sich bis hinunter
zum Alpenvorland.
Zu den Mittelgebirgen zählen
Schwarzwald, Bayerischer Wald, Erzgebirge,
Harz, Fichtelgebirge, Taunus, Hunsrück
und noch viele mehr.

Buntspecht

Der Admiral ist ein Schmetterling. Er lebt in den Mittelgebirgen.

Schwarzwald

Bayerischer Wald

Der Schwarzwald ist das größte Mittelgebirge.
Und wie der Name schon sagt,
gibt es dort sehr viel Wald.
Der Feldberg ist dort der höchste Berg
und über 1 400 Meter hoch.

Auch der Bayerische Wald besteht
aus großen Waldgebieten.
Dort leben typische Waldbewohner
wie Buntspecht, Wildschwein, Fuchs
und Waldohreule.

Das Elbsandsteingebirge besteht aus
schroffen Sandsteinfelsen
und tiefen Schluchten.

Elbsandsteingebirge

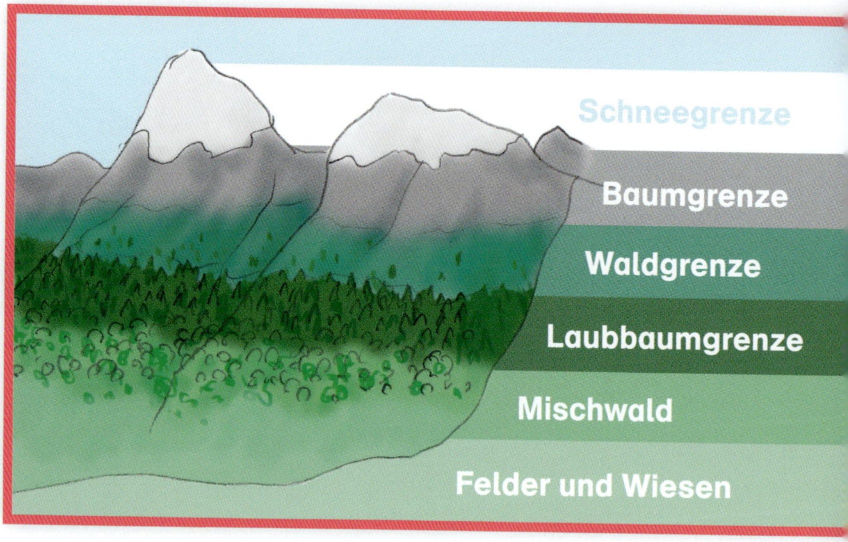

Hoch hinaus

Viel weiter nach oben geht es, wenn du die Alpen und ihre Gipfel erklimmen möchtest.

Je höher du steigst, desto kälter wird es. Ab einer Höhe von etwa 2 000 Metern wachsen immer weniger Pflanzen. Bäume gibt es hier nicht mehr. Stattdessen wachsen niedrige Sträucher und Blumen.

Der Watzmann liegt in den Berchtesgadener Alpen.

Seinen Namen hat der Bartgeier von dem dunklen Bart unterhalb des Schnabels.

Leben in der Höhe

Die Tiere, die hier leben, haben sich gut an die steinige Landschaft angepasst. Die Hufe der Gämsen sind dehnbar. So finden sie auch auf dem kleinsten Felsvorsprung Halt. Murmeltiere leben in Kolonien. Sie warnen sich gegenseitig, wenn sie einen Steinadler oder Bartgeier sehen.

Gämse

Murmeltier

Auf der Havel lässt es sich gut paddeln oder mit dem Hausboot fahren.

Wasser, Wasser, Wasser

Deutschland ist ein Land mit sehr viel Wasser.
Es ist von über 15 000 Flüssen durchzogen.
Flüsse entspringen aus einer Quelle,
werden größer und münden schließlich
in einen großen See oder in ein Meer.

Außer den natürlichen Flüssen gibt es auch
künstlich angelegte Kanäle.
Wir nutzen sie als Wasserstraßen,
um Waren mit dem Schiff
zu transportieren.

Hamburger Hafen

Burg Kriebstein

An den Ufern der Flüsse finden sich viele Burgen, Häfen und auch Mühlen.
Flüsse gibt es schon seit Jahrhunderten.
Denn schon immer wussten die Menschen die Kraft des Wassers für sich zu nutzen.

Zu den größten Flüssen in Deutschland zählen der Rhein, die Elbe, die Donau, der Main, die Weser und die Saale.
Viele der deutschen Flüsse münden in die Nordsee.

Graureiher leben an vielen Flüssen und Seen in Deutschland.

Die längsten Flüsse

Hier findest du eine Karte
mit den zehn längsten Flüssen
in Deutschland.

Die Loreley
ist ein Felsen
am Rhein.

Ein Stocherkahn
auf dem Neckar
bei Tübingen.

Simons Lesequiz

1 Wie heißt der höchste Berg Deutschlands?

a) Zugspitze

b) Hafenberg

c) Autokuppel

2 Wie heißt der Meeresboden bei Ebbe?

a) Platt

b) Watt

c) Boden

3 Welches ist Deutschlands größtes Mittelgebirge?

a) Die Haßberge.

b) Der Taunus.

c) Der Schwarzwald.

Lösung: 1a), 2b), 3c)

Die Bundesländer

Wer regiert Deutschland?

Deutschland wird von einem Bundeskanzler
oder einer Bundeskanzlerin regiert.
Der Bundespräsident vertritt das Land.
Das heißt, er reist zum Beispiel
zu Staatsbesuchen in andere Länder.
Bisher gab es noch keine Bundespräsidentin
in Deutschland.

Die Minister und Ministerinnen sind für
verschiedene Aufgaben zuständig,
wie für den Verkehr oder die Landwirtschaft.
Sie treffen sich regelmäßig
und beraten sich.

Kanzleramt

Der Bundesadler im Sitzungssaal des Bundestages wiegt 2,5 Tonnen.

Eine Demokratie

Deutschland ist eine Demokratie.
Das bedeutet, dass das Land nicht von einem Menschen alleine regiert wird.
Alle ab 18 Jahren dürfen wählen.
Gemeinsam bestimmen sie, wer sie in der Regierung vertritt.

Wenn die Bürgerinnen und Bürger mit ihrer Regierung nicht zufrieden sind, dann können sie diese bei der nächsten Wahl abwählen.

In Deutschland dürfen alle Menschen demonstrieren und ihre Meinung frei sagen.

Eine Offiziersanwärterin der Marine aus Flensburg

Die Bundesländer

Deutschland besteht aus
16 Bundesländern.
Jedes Bundesland wird von einem
Ministerpräsidenten oder einer
Ministerpräsidentin regiert.
Die Bundesländer sind ganz verschieden.
Zum Beispiel gehen Kinder in Berlin
sechs Jahre zur Grundschule,
in Bayern dagegen nur vier Jahre.

Ein anderes Beispiel sind die
Ladenöffnungszeiten.
In Hessen dürfen Geschäfte fast immer
offen haben,
im Saarland nur von 6 Uhr früh
bis 20 Uhr abends.

Kinder beim Almabtrieb im Allgäu.

HAMBURG
Kiel
SCHLESWIG-HOLSTEIN
BERLIN
BREMEN
MECKLENBURG-VORPOMMERN
Hamburg
Schwerin
Bremen
BRANDENBURG
NIEDERSACHSEN
Berlin
Potsdam
Hannover
Magdeburg
NORDRHEIN-WESTFALEN
SACHSEN-ANHALT
Erfurt
Düsseldorf
Dresden
SACHSEN
HESSEN
THÜRINGEN
Wiesbaden
RHEINLAND-PFALZ
Mainz
Saarbrücken
SAARLAND
BAYERN
Stuttgart
BADEN-WÜRTTEMBERG
München

Jedes Bundesland ist einzigartig

Bayern

Hauptstadt: München
Bayern ist das größte Bundesland.
Der Funtensee ist der kälteste See in Deutschland.
Und in Lindau am Bodensee steht der einzige Leuchtturm Bayerns.
Bayern ist auch bekannt für seine Berge.

Lindau am Bodensee

Bahnhof Uelzen

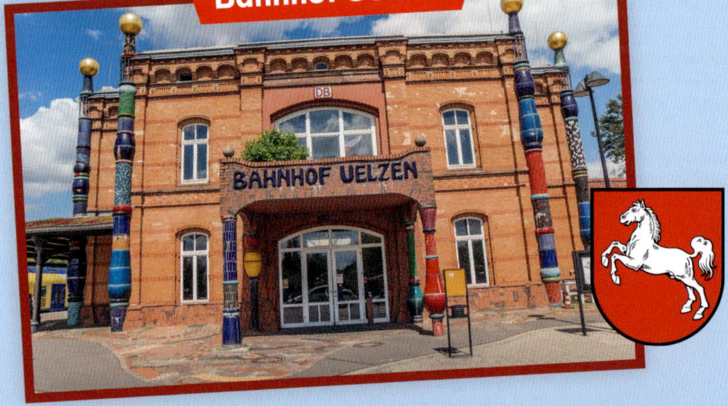

Niedersachsen

Hauptstadt: Hannover
Weitere Städte in Niedersachsen sind Braunschweig, Oldenburg und Osnabrück.
In Uelzen gibt es einen ziemlich bunten Bahnhof.
Er wurde von dem Künstler Friedensreich Hundertwasser entworfen.

Heutzutage kann so ein Schwarzwälder Bollenhut bis zu zwei Kilogramm wiegen. Ganz schön schwer!

Baden-Württemberg

Hauptstadt: Stuttgart

Im Süden Deutschlands, neben dem Nachbarn Bayern, liegt Baden-Württemberg.
Hier wurden das Fahrrad und auch das Auto erfunden.
Der Bodensee ist der größte See in Deutschland.
Er liegt nur teilweise in Baden-Württemberg.
In den warmen Gegenden am Rhein wachsen Weintrauben besonders gut.

Wuppertal

Nordrhein-Westfalen

Hauptstadt: Düsseldorf

Nordrhein-Westfalen ist das Bundesland, in dem die meisten Menschen leben.
Als Ruhrgebiet oder Ruhrpott bezeichnen viele die Region rund um die Städte Essen, Bochum und Duisburg.
Dort wurde früher viel Kohle in den sogenannten Zechen abgebaut.
In Wuppertal kannst du mit der Schwebebahn fahren.

Bei Zinna gibt es
eine Wanderdüne.
Jedes Jahr bewegt sie sich
durch den Wind
ein kleines Stück
weiter Richtung Norden.

Brandenburg

Hauptstadt: Potsdam
Potsdam ist die Hauptstadt Brandenburgs, obwohl das Bundesland seinen Namen von der Stadt Brandenburg hat.
In Brandenburg gibt es nur wenige große Städte, dafür aber viele Wälder und Seen.

Mecklenburg-Vorpommern

Hauptstadt: Schwerin
Mecklenburg-Vorpommern grenzt an die Ostsee.
Außerdem gibt es hier über 2 000 Seen.
Die Hauptstadt ist Schwerin.
Weitere bekannte Städte sind Rostock, Greifswald und Stralsund.

Frankfurt am Main

Hessen

Hauptstadt: Wiesbaden
Das Bundesland Hessen liegt fast in der Mitte Deutschlands. Bekannt sind die Städte Frankfurt am Main und Kassel. In der Stadt Gießen gibt es sogar ein Elefantenklo. Nein, kein richtiges! Eine Fußgängerbrücke wird so genannt.

Die Himmelsscheibe von Nebra wurde 1999 in der Nähe der Stadt Nebra gefunden. Ihr Alter wird auf etwa 4000 Jahre geschätzt.

Sachsen-Anhalt

Hauptstadt: Magdeburg
In der Stadt Wittenberg hat auch Martin Luther gelebt. Ihm gefiel vieles an der katholischen Kirche nicht. Deshalb wollte er etwas ändern. Und so entstand die evangelische Kirche.

Burg Eltz

Rheinland-Pfalz

Hauptstadt: Mainz

In Rheinland-Pfalz gibt es viele Burgen und Schlösser. Die Landeshauptstadt Mainz ist über 2000 Jahre alt. Die meisten Wildkatzen in Deutschland leben in diesem Bundesland.

Frauenkirche in Dresden

Sachsen

Hauptstadt: Dresden

Das Bundesland Sachsen liegt im Osten des Landes. Südlich von Dresden befindet sich die Sächsische Schweiz. Im Erzgebirge gibt es heute noch das bekannte Kunsthandwerk. Spielzeuge aus Holz, Musikinstrumente und Weihnachtsschmuck werden hier gefertigt.

Die Wartburg bei Eisenach in Thüringen.

Thüringen

Hauptstadt: Erfurt
Weitere Städte in diesem Bundesland sind Gera, Jena und Weimar.
Martin Luther lebte auch eine Zeit lang in Thüringen.
Hier hat er auf der Wartburg die Bibel ins Deutsche übersetzt.

Schleswig-Holstein

Hauptstadt: Kiel
Das nördlichste Bundesland liegt zwischen der Nordsee und der Ostsee.
In Kiel findet einmal im Jahr die Kieler Woche statt.
Tausende von Segelbooten starten dann in verschiedenen Rennen.

Helgoland

Hast du gewusst ...

... dass Helgoland die einzige Hochseeinsel Deutschlands ist?
Die Insel liegt mehr als 70 Kilometer vom Festland entfernt.
Deshalb liegt sie auf hoher See.

Der Gollenstein ist der größte Hinkelstein in Europa und etwa 4 000 Jahre alt.

Saarland

Hauptstadt: Saarbrücken

Das kleine Bundesland Saarland liegt im Westen des Landes an der Grenze zu Frankreich.
Das Saarland gehörte früher zu Frankreich.

Hamburg

Hamburg ist die zweitgrößte Stadt Deutschlands und bereits über 1 000 Jahre alt.
Bekannt ist Hamburg für seinen Hafen.
Er ist der größte Seehafen Deutschlands und zugleich einer der größten der Welt.

Der Hamburger Hafen liegt nicht am Meer, sondern an der Elbe.

Alexanderplatz mit Weltzeituhr und Fernsehturm

Berlin

Berlin ist sowohl ein eigenes Bundesland als auch die Hauptstadt von Deutschland.
Berlin ist vollständig vom Bundesland Brandenburg umgeben.
Das Wahrzeichen der Stadt ist der Berliner Bär.

Eine Statue der Bremer Stadtmusikanten aus Bronze steht am Rathaus.

Bremen

Das kleinste Bundesland besteht aus zwei Städten: aus Bremen und Bremerhaven.
Die beiden Städte sind über den Fluss Weser miteinander verbunden.
Berühmt ist Bremen auch für die Bremer Stadtmusikanten: vier Tiere aus einem Märchen der Brüder Grimm.

Als Berlin noch geteilt war, befand sich die Berliner Mauer direkt am Brandenburger Tor.

Die Hauptstadt Berlin

Berlin war nicht immer
die Hauptstadt von Deutschland.
Nach dem Zweiten Weltkrieg
war das Bonn für viele Jahre.
Berlin war eine geteilte Stadt.
Ein Teil lag im Westen
und gehörte zur Bundesrepublik Deutschland.
Der andere Teil lag im Osten
und gehörte zur
Deutschen Demokratischen Republik.
Seit der Wiedervereinigung von Deutschland
im Jahr 1990 ist Berlin wieder die Hauptstadt.

Simons Lesequiz

1 Wer regiert Deutschland?

a) Deutschland hat einen König.

b) Ein Bürgermeister regiert das Land.

c) Die Regierung sind der Bundeskanzler und seine Minister.

2 Wie viele Bundesländer hat Deutschland?

a) 16

b) 17

c) 18

3 Was ist das Wahrzeichen von Berlin?

a) Ein Hund.

b) Ein Adler.

c) Ein Bär.

Lösung: 1c), 2a), 3c)

Was macht Deutschland aus?

Von 1949 bis 1989 gab es
die Deutsche Demokratische
Republik im Osten
und die Bundesrepublik
im Westen.

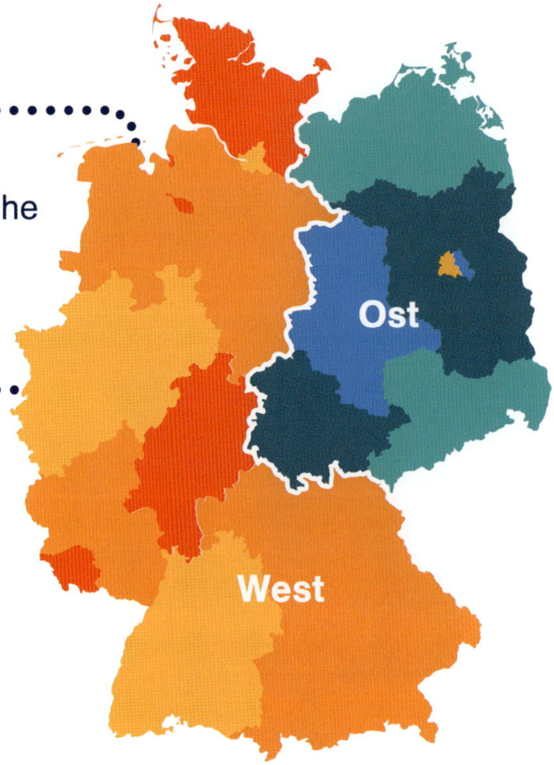

Was war die DDR?

Nach dem Zweiten Weltkrieg
gab es von 1949 bis 1989
zwei deutsche Staaten.
Im Westen gab es die BRD,
die Bundesrepublik Deutschland.
Im Osten lag die DDR,
die Deutsche Demokratische Republik.

Zur DDR gehörten damals die Bundesländer
Brandenburg, Mecklenburg-Vorpommern,
Sachsen-Anhalt, Sachsen und Thüringen.
Die Hauptstadt war der östliche Teil Berlins.

Chemnitz: Kinder auf dem Weg
in die Schule.
Zu DDR-Zeiten hieß die Stadt
Karl-Marx-Stadt.

Die Grenze zwischen der DDR
und der BRD war geschlossen.
Zwischen Westberlin und Ostberlin
wurde eine Mauer errichtet.
Die Menschen durften die DDR
in Richtung Westen nicht verlassen.

1989 gab es eine friedliche Veränderung.
Die Menschen in der DDR
demonstrierten so lange,
bis der Staat DDR aufgelöst wurde.
Seitdem gibt es
das wiedervereinigte Deutschland.

Die Grenzen sind offen
und die Menschen
klettern auf die Mauer am
Brandenburger Tor.

Deutschland, das Industrieland

In Deutschland gibt es viele Fabriken,
in denen Waren hergestellt werden.
Deutschland treibt mit anderen Ländern
schon immer Handel.
Das zeigt sich zum Beispiel
an den großen Häfen
in Hamburg und Rostock.
Hier kommen Waren von überallher an
oder werden in andere Länder verschickt.

Ein Industrieland wie Deutschland
braucht viel Energie.
Zum Beispiel für die Produktion von Stahl.

In einem Hochofen
wird Stahl gegossen.
Den braucht man zum Beispiel,
um Autos zu bauen.

Wenn der Akku vom Elektrorad mit Wind- und Sonnenenergie betrieben wird, dann ist das richtig gut fürs Klima.

Saubere Energie

Deutschland will in Zukunft Energie vor allem
aus Sonne, Wind und Wasser gewinnen.
Das geht zum Beispiel mit Windrädern.
Dass wir darauf umstellen, ist wichtig,
damit sich unsere Erde nicht immer weiter
erwärmt und unsere Umwelt geschützt wird.

Wichtig ist auch,
dass wir weniger Energie verbrauchen,
also zum Beispiel viel mit dem Fahrrad
oder mit dem Bus fahren.
Das alles ist vor allem eine Aufgabe
für die Erwachsenen.
Auch wenn Kinder
ein bisschen mithelfen können.

Ein anderes Land,
eine andere Sprache –
es war bestimmt
nicht immer leicht, sich in der
neuen Heimat einzugewöhnen.

Bunt gemischt

Nach dem Zweiten Weltkrieg
erholte sich Deutschland wieder
und brauchte viele Arbeitskräfte.
Auch aus dem Ausland
kamen deshalb Menschen hierher.

Heute leben viele Menschen in Deutschland,
deren Eltern oder ein Elternteil
in einem anderen Land geboren wurden.
Sie sprechen dann neben Deutsch
meist noch eine zweite Sprache,
wie Türkisch, Griechisch, Arabisch
oder Englisch.

Was ist Einwanderung?

Wenn Menschen von einem Land
in ein anderes ziehen, dann wandern sie
in das neue Land ein.
Zugleich sind sie aber auch Auswanderer,
denn sie verlassen ja ihr eigenes Land.

Viele verschiedene Menschen machen unsere Gesellschaft bunt und spannend.

Manche Menschen ziehen weg,
weil sie woanders arbeiten möchten.
Manche müssen fortgehen,
weil in ihrem Land Krieg herrscht.

Hast du gewusst ...

... dass im Jahr ungefähr genauso viele
Menschen nach Deutschland einwandern,
wie Deutsche auswandern?
Das sind etwa eine Million Menschen.

Das Land der Tüftler

Deutschland war schon immer ein Land der Erfinderinnen und Erfinder. Viele der Erfindungen von damals verwenden wir heute noch in unserem Alltag.

Johannes Gutenberg erfand bereits um 1450 den Buchdruck mit beweglichen Buchstaben. Vorher mussten Bücher noch mit der Hand geschrieben werden. Durch den Buchdruck konnten Bücher schneller und günstiger hergestellt werden. Und mehr Leute konnten ein Buch lesen.

Buchpresse

Johannes Gutenberg

Zusammen mit ihrer Tochter und einem Freund machen Carl und Bertha Benz einen Ausflug im Automobil.

Vom Auto bis zum Gummibärchen

Auch der erste Computer wurde in Deutschland erfunden. Er wog damals noch mehr als eine Tonne.

Röntgenbild beim Zahnarzt

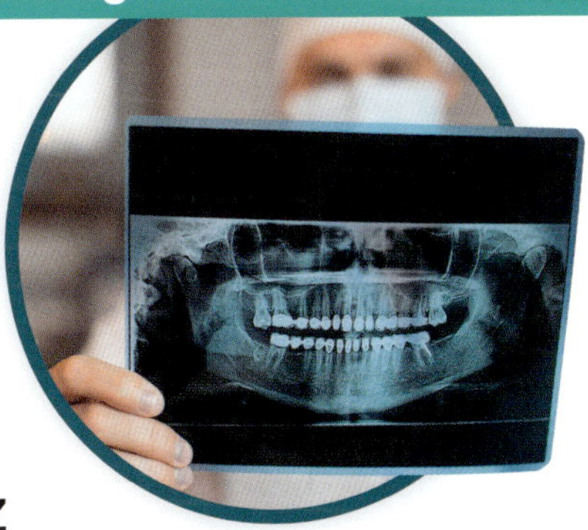

Die ersten Autos waren viel langsamer als heute. Gottlieb Daimler und Carl Benz tüftelten beide an Motoren und erfanden das erste Motorrad und Automobil.

1895 entdeckte Wilhelm Conrad Röntgen die nach ihm benannten Röntgenstrahlen. Auch das Telefon, die Straßenbahn und sogar das Gummibärchen wurden in Deutschland erfunden.

Echt jetzt?

Ein Geysir ist eine Quelle, bei der das Wasser immer wieder aus dem Boden schießt.

In Andernach in Rheinland-Pfalz gibt es den größten Kaltwassergeysir der Welt

Suurhusen

Der weltweit schiefste Turm ist der Kirchturm in Suurhusen.

Es hat 632 Jahre gedauert, den Kölner Dom zu bauen.

Kölner Dom

Rügen

Die größte deutsche Insel ist die Insel Rügen.

In Deutschland gibt es über 300 Sorten Brot.

Hamburg hat etwa 2 500 Brücken.

Hamburg

Travemünde

Der älteste Leuchtturm Deutschlands
steht in Travemünde.
Er ist fast 500 Jahre alt.

Die größte Wasserburg
in Deutschland
ist Schloss Glücksburg.

Beliebte Sehenswürdigkeiten

In Deutschland gibt es eine Menge
Burgen, Kirchen, Schlösser
und andere Sehenswürdigkeiten,
die von der Vergangenheit erzählen.

Schloss Neuschwanstein
Das Märchenschloss entstand
nach den Plänen
des bayerischen Königs Ludwig II.
Für die damalige Zeit
gab es im Schloss
sehr moderne Technik.
Zum Beispiel eine Heißluftzentralheizung.

Lübeck
Im Mittelalter war Lübeck
eine wichtige Handelsstadt.
Das Holstentor
ist ein ehemaliges Stadttor.
Es war eines von mehreren Toren,
durch welche die Stadt Lübeck
betreten werden konnte.

Aachener Dom
Der Dom wurde über viele Hunderte Jahre hinweg gebaut.
Deshalb besteht der Bau aus verschiedenen Teilen.
Hier wurden die deutschen Könige gekrönt.

Grünes Band
Dort wo früher die Grenze zwischen der BRD und der DDR war,
befindet sich heute das Grüne Band.
Das ist ein Naturschutzgebiet,
in dem es Urwald sowie
seltene Tiere
und Pflanzen gibt.

Dialekte sind manchmal nicht ganz einfach zu verstehen.

Sprache

Die Amtssprache in Deutschland ist Deutsch.
Doch es gibt in den meisten Regionen typische Dialekte.
Zum Beispiel Sächsisch, Hessisch und Fränkisch.
Der Dialekt kann so speziell sein, dass ein Sachse einen Bayern nur schwer versteht.
Erst wenn die beiden ihren Dialekt weglassen und stattdessen Hochdeutsch sprechen, klappt es.

Brötchen

Sieh dir mal an, welche Ausdrücke es in Deutschland für ein Brötchen gibt:
Brötchen, Semmel, Weckla, Schrippe, Rundstück, Kipfle, Laabla und noch viele mehr.
Wie sagst du zu so einem Brötchen?

Zweisprachig beschriftete Straßenschilder auf der Insel Amrum und in Brandenburg.

Wie bitte?

Es gibt auch noch Sprachen, die von ganz wenigen Menschen gesprochen werden.
Zum Beispiel Dänisch
an der dänischen Grenze
oder Sorbisch in Brandenburg und Sachsen.

„Hartelk welkimen“ sagen die Nordfriesen auf Amrum statt „Herzlich willkommen“.

Hast du gewusst ...

... dass es deutsche Wörter in anderen Sprachen gibt?
Zum Beispiel „kindergarten“ und „kaffeeklatsch“ im Englischen.

Berühmte Deutsche

Deutschland wird gerne als Land der Dichter und Denker bezeichnet. Und es gibt viele Künstler, Wissenschaftler und Sportler, die in der ganzen Welt bekannt sind.

Zu den berühmtesten Dichtern gehören Johann Wolfgang von Goethe und Friedrich Schiller. Beide waren miteinander befreundet und lebten eine Zeit lang in Weimar.

Der Physiker Albert Einstein veränderte unsere Sicht auf Raum und Zeit. Er wurde dadurch zum Superstar der Naturwissenschaften. Später wanderte er nach Amerika aus.

Albert Einstein

Goethe und Schiller

Maria Sibylla Merian

Manuel Neuer

Weit gereist

Maria Sibylla Merian erforschte die Natur.
Sie beschäftigte sich vor allem mit Insekten und schrieb ein Buch über die Verwandlung von Raupen in Schmetterlinge.
Sie reiste auch nach Südamerika.
Für die damalige Zeit war das etwas sehr Besonderes.

Der Fußballer Manuel Neuer spielt in der deutschen Fußball-Nationalmannschaft.
Er galt lange als bester Torwart der Welt.

Sag mal, Simon ...

... gibt es einen Ort in Deutschland, den du besonders gerne magst?

Oh ja. Ich bin am liebsten an der Mecklenburgischen Seenplatte. Dort finde ich immer einen Fleck, an dem ich alleine bin und in Ruhe die Natur genießen kann.

Warum bist du denn so viel über Deutschland unterwegs?

Hier kann ich so viel entdecken!
Es gibt viele alte Burgen und Türme.
Dort kann ich gut Rast machen.
Dann gibt es das Meer und dazu auch die Berge.
Hier gibt es viele verschiedene Landschaften in einem Land.

Und gibt es etwas, was dir nicht gefällt?

Bei meinen Verwandten haben die Deutschen immer einen so schlechten Ruf.
Die meinen, die Deutschen sind so genau und verstehen keinen Humor.
Aber ich habe das bisher noch gar nicht erlebt.
Zu mir sind alle freundlich und ich bekomme überall leckeres Futter.

Und was hast du heute noch vor?

Ich werde nachher noch in die große Hecke am Sportplatz fliegen.
Dort findet heute ein spannendes Fußballspiel statt.
Das schaue ich mir mit meinen Freunden an.

Danke, Simon!

Dabei wünschen wir dir viel Spaß!

Simons großes Lesequiz

1 Deutschland hat insgesamt ...

a) 15 Nachbarn.

b) neun Nachbarn.

c) drei Nachbarn.

2 Wo werden Seehundjunge geboren?

a) Auf Sandbänken.

b) Auf Eisschollen.

c) Auf hoher See.

3 Was für Tiere sind Heidschnucken?

a) Ziegen

b) Kühe

c) Schafe

Lösung: 1b), 2a), 3c)

4 Im Spreewald gibt es viele ...

a) Kanäle.

b) Sandstrände.

c) Geröllwüsten.

5 Was erfand Johannes Gutenberg?

a) Einen tragbaren Füller.

b) Den Buchdruck.

c) Ein modernes Klavier.

6 Ab welcher Höhe findet man in den Alpen kaum noch Bäume?

a) Ab 1 000 Meter Höhe.

b) Ab 2 000 Meter Höhe.

c) Ab 3 000 Meter Höhe.

Lösung: 4a), 5b), 6b)

7 Murmeltiere leben in ...

a) Bergwerken.

b) Deponien.

c) Kolonien.

8 Viele deutsche Flüsse münden ...

a) in die Ostsee.

b) in den Pazifik.

c) in die Nordsee.

9 Wofür werden die Flüsse genutzt?

a) In Flüssen wird Wäsche gewaschen.

b) Waren werden dort auf Schiffen transportiert.

c) Die deutsche Fußball-Nationalmannschaft lernt da schwimmen.

Lösung: 7c), 8c), 9b)

10 **Was wurde in Deutschland erfunden?**

a) Pyramiden

b) Gummibärchen

c) Wäscheständer

11 **In Lübeck steht das ...**

a) Holstentor.

b) Bergentor.

c) Ledertor.

12 **Wohin reiste Maria Sibylla Merian?**

a) Nach Australien.

b) Nach England.

c) Nach Südamerika.

Lösung: 10b), 11a), 12c)

WAS IST WAS
Erstes
LESEN
Wale und Delfine
TESSLOFF

WAS IST WAS
Erstes
LESEN
Planeten
TESSLOFF

WAS IST WAS
Erstes
LESEN
Vulkane
TESSLOFF

WAS IST WAS
Erstes
LESEN
Natur entdecken
TESSLOFF

WAS IST WAS
Erstes
LESEN
Bienen
TESSLOFF

WAS IST WAS
Erstes
LESEN
Wald
TESSLOFF

WAS IST WAS
Erstes
LESEN
Pferde und Ponys
TESSLOFF

WAS IST WAS
Erstes
LESEN
Wetter
TESSLOFF

WAS IST WAS
Erstes
LESEN
Polargebiete

WAS IST WAS
Erstes
LESEN
Unsere Erde
TESSLOFF

WAS IST WAS
Erstes
LESEN
Insekten
TESSLOFF

WAS IST WAS
Erstes
LESEN
Ozeane
TESSLOFF

WAS IST WAS
Erstes
LESEN
Dinosaurier
TESSLOFF

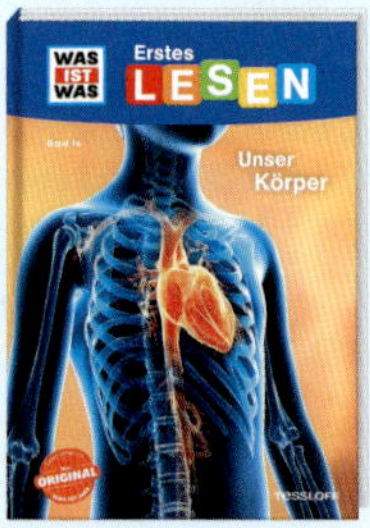
WAS IST WAS
Erstes
LESEN
Unser Körper
TESSLOFF

WAS IST WAS
Erstes
LESEN
Regenwald
TESSLOFF

WAS IST WAS
Erstes
LESEN
Haie
TESSLOFF

WAS IST WAS
Erstes
LESEN
Raubkatzen
TESSLOFF

WAS IST WAS
Erstes
LESEN
Greifvögel
TESSLOFF

WAS IST WAS
Erstes
LESEN
Ritter und Burgen
TESSLOFF

WAS IST WAS
Erstes
LESEN
Wölfe
TESSLOFF